Micheline Asselin

LES ÉTOILES NE MEURENT PAS...

Les Éditions Benjamin

Catalogage avant publiciation de la Bibliothèque du Canada

Asselin, Micheline, 1953-

Les étoiles ne meurent pas

ISBN 2-9808430-0-8

I. Titre

PS8601.S63E86 2004   C843'.6   C2004-940534-9

PS9601.S63E86 2004

Maquette de la couverture :

Communication Azur, Louise Marquis

Mise en pages et illustrations :

Communication Azur, Louise Marquis – azur@mediom.qc.ca

© **Les Éditions Benjamin**

leseditionsbenjamin.com

masselin@leseditionsbenjamin.com

Dépôt légal – Bibliothèque nationale du Québec, 2004

Dépôt légal – Bibliothèque nationale du Canada, 2004

À Josiane,
Ton jardin ensoleille mon cœur…

TABLE DES MATIÈRES

PRÉFACE

Attention, vous allez entrer dans un jardin secret... celui que l'on découvre dans le cœur de Micheline respire le calme et la paix. Sous une apparente candeur, elle nous livre la lumière puisée au plus profond du malheur. Le meilleur est plus précieux lorsqu'il est issu du pire. La disparition d'un enfant laisse bien des questions sans réponse...

Micheline a trempé sa plume dans une encre enchantée. La douleur a fait d'elle une marchande de douceur. Denis est malade, et sait qu'il va mourir bientôt. Il interroge son grand-père, qui lui répond de toute la force de son amour, avec tendresse : pour apprivoiser la mort, il faut d'abord apprivoiser la vie. Denis comprend que tant qu'une étincelle de vie germe en nous, il y a place pour la récolte. Comme la lumière des étoiles, la vie ne meurt jamais.

Dans le jardin de son cœur, Micheline cultive avec amour des leçons de simplicité. Si vous prenez la peine d'en goûter les fruits, vous n'en oublierez plus jamais la saveur, ni la profondeur...

Yves Duteil

AVANT-PROPOS

Je viens aujourd'hui partager avec vous mes convictions profondes, en toute simplicité, en toute sincérité. Avec le décès de ma fille Isabelle s'est approfondi une réflexion sur la mort et ce qui se passe après celle-ci, réflexion amorcée plusieurs années auparavant suite au décès de plusieurs personnes chères.

Le fait de m'être questionnée à ce sujet avant son départ m'a été d'un grand secours. J'avais déjà acquis une certaine sérénité, un certain détachement face à la vie, face à la mort. J'avais aussi la certitude que lorsque la mort survient, celle-ci est déjà prévue dans notre grand livre.

Le bout de chemin que ma fille Isabelle et moi devions parcourir ensemble sur le plan terrestre était déjà accompli. Son message et son héritage spirituel m'étaient déjà transmis. J'avais aussi la conviction qu'une autre route se dessinait pour elle et moi sur le plan céleste pour que, d'une autre façon, nous puissions communiquer, évoluer et grandir ensemble.

Je crois que lorsque nous traversons le temps pour aller de l'autre côté, des Êtres de Lumière nous accompagnent pour nous aider à effectuer ce passage, ce retour à la Lumière Divine. Ils nous aident à faire le bilan de notre vie, à prendre conscience de ce que nous avons semé lors de notre passage sur terre.

Pour moi, la vie ne se termine pas avec la mort, celle-ci n'est qu'une étape, un passage vers une autre vie, une vie de lumière où notre âme continue de partager, d'aimer et de chérir.

Micheline Asselin

LE CRISTAL MAGIQUE

Le cœur habillé de candeur, la magie dans les yeux, entrez tout doucement sur la pointe des pieds dans l'univers coloré de grand-père et Denis.

Fraîcheur, simplicité et bonheur de vivre vous fascineront et vous imprégneront de lumière créant ainsi l'ouverture à ce monde d'amour. Grand-père et Denis vous livrent un message de vie, un message d'espoir. Pour que l'amour porté à ceux que vous chérissez dans cette vie traverse les portes de l'infini…

Tous les gens qui ont le bonheur et le privilège de connaître Denis vous le confirmeront : Dès les premiers instants, on ne peut qu'être charmé par son regard espiègle et son sourire irrésistible. Enjoué, très câlin, c'est un véritable rayon de soleil.

Depuis déjà quelques années, il est atteint d'un cancer. Il a douze ans mais la maladie ayant empêché le rythme normal de sa croissance, il paraît à peine âgé de huit ans. Il sait qu'il ne lui reste plus beaucoup de temps à vivre. Ayant obtenu congé de l'hôpital pour quelques semaines, il est présentement en visite chez grand-père.

Tous les deux éprouvent beaucoup de tendresse l'un envers l'autre. La maladie les a beaucoup rapprochés et ils ont développé une grande amitié, une belle complicité. Denis aime bien se confier à grand-père, il sait si bien le réconforter. Grand-père ayant gardé son cœur d'enfant, il lui est facile d'imager et de transposer les couleurs de la vie à travers les nombreuses histoires et les poèmes qu'il invente pour lui.

Au programme de cette journée, sur la petite île au beau milieu du lac, pique-nique, petit somme dans les hamacs et balançoire. Grand-père prépare le dîner. Assis dans la grande chaise berceuse sur la véranda, Denis attend sagement. Pouf, le chien de grand-père veille à ses côtés. Le soleil est radieux, le ciel tout bleu. Ça sent bon le printemps. Les lilas se sont épanouis et leurs parfums s'attardent laissant à Denis tout le loisir d'en apprécier l'essence. Sous le regard complice du soleil et du vent tiède, des milliers d'étoiles scintillent à la surface du lac. Charmés, les oiseaux ne tarissent plus d'éloges devant les beautés de la nature qui s'éveille.

Grand-père est enfin prêt. Panier, couvertures, gilets de sauvetage, tout est là. Ils s'avancent sur le quai et se glissent prudemment dans la barque. Bien sûr, Pouf les accompagne, car pour rien au monde il ne manquerait cette excursion. En peu de temps, ils atteignent l'île.

Les hamacs sont installés tout à côté de la balançoire, là où l'ombre et le soleil se côtoient. Denis s'amuse avec Pouf, ils ont beaucoup de plaisir. Grand-père les regarde d'un air attendri. Soudain, Denis n'a plus le goût de jouer avec Pouf. Son visage a changé, il a perdu son beau sourire. D'un pas lent, il se dirige vers la balançoire… le regard inquiet… Grand-père s'empresse de le rejoindre et prend place à ses côtés.

Aussitôt, Denis se réfugie dans ses bras.

— Que se passe-t-il mon petit?

Denis hésite…

— Grand-père…

— Dis, tu veux bien me parler de ce qui te préoccupe tant?

— Tu sais grand-père que je vais bientôt mourir… Que va-t-il se passer après ma mort? Je sais, mon corps sera enterré au cimetière de notre petit village et mon âme ira vers le ciel pour rejoindre la Lumière Divine. Papa et maman m'ont expliqué tout ça, mais… ces derniers jours… j'y pense… de plus en plus souvent.

— Hum… Je vois…

— Tu comprends, c'est difficile pour moi d'imaginer mon âme. Tu sais toi, ce qu'est une âme?

— Je te comprends très bien Denis puisque c'est difficile même pour nous, les grandes personnes, de bien saisir ce qu'est une âme. Laisse-moi réfléchir un instant…

Denis se sent déjà plus tranquille, il sait bien que grand-père pourra le rassurer.

— Je vais te raconter l'histoire de la forêt enchantée...

— La forêt enchantée ?

— Oui ! Et au beau milieu de cette forêt se trouve un cristal magique !

— Wow ! Raconte vite grand-père !

— Ce cristal magique représente l'âme. Il contient la Lumière, cette étincelle divine qui brille en chacun de nous.

Et tendrement grand-père ajoute :

— Pour aller à la découverte du cristal magique et en admirer toutes les beautés, nous allons tous les deux fermer les yeux et nous laisser transporter dans cette magnifique forêt enchantée.

Il se penche alors vers Denis et chuchote douce-ment à son oreille :

— Et puis tu sais, je ne serais pas étonné qu'on nous y attende déjà...

— Je suis prêt ! Allons-y !

**Et comme par enchantement,
les voilà tous deux transportés à l'orée de la forêt.**

À peine ont-ils pénétré dans la forêt enchantée que des chevreuils, des écureuils, des lièvres et des renards les accueillent avec joie. De magnifiques papillons aux couleurs chatoyantes virevoltent avec grâce. Émerveillé, Denis voit l'un d'eux se poser délicatement sur son épaule.

Sous un ciel d'un bleu magnifique, il fait un temps splendide. Le soleil brille et ses rayons courent à travers les branches des arbres y déposant lumière et chaleur. La brise légère et le bruissement des feuilles murmurent tendresse et douceur. Les oiseaux, heureux de cette visite inattendue, entonnent tous en chœur un chant de joie.

Accompagnés par une ribambelle d'animaux, nos deux promeneurs empruntent un large sentier bordé d'énormes fleurs de toutes les couleurs. Un léger parfum s'en dégage. Ils s'aventurent encore plus profondément dans la forêt et l'enchantement se fait toujours plus présent. Qu'importe l'endroit où leurs regards se posent, une féerie de couleurs les attend. Denis ne le sait pas mais… le plus beau reste à venir…

— C'est fantastique grand-père !

— Bientôt Denis, nous serons au beau milieu de la forêt et là tu découvriras ce magnifique cristal d'une beauté exceptionnelle.

— J'ai tellement hâte ! Eh ! Tu entends ! ?

— C'est une belle mélodie n'est-ce pas ?

Grand-père s'avance, lui fait signe :

— Viens par ici, regarde, elle provient de cette belle cascade. L'eau y est pure et cristalline. Viens, étanche ta soif mon petit.

Ils se penchent pour boire. Leur reflet se précise dans l'eau et, tour à tour, on peut distinguer le reflet des animaux.

— N'est-ce pas extraordinaire cet endroit ? Tu sens Denis l'harmonie qui règne dans cette magnifique forêt enchantée ?

— C'est super !

Émerveillés, ils s'assoient dans l'herbe tendre. Le superbe paysage qui s'offre à leurs yeux suscite en eux une vive admiration. Respirant l'air pur et vivifiant, ils se prélassent au soleil. Tout à coup, Denis s'exclame :

— Wow ! Regarde grand-père, regarde !

Tout juste devant eux se dessine un énorme cristal, très brillant, aussi pur que l'eau de la cascade. La Lumière émanant de ce cristal est sublime. Ils sont éblouis par tant de beauté et tant d'éclat.

— Tu vois mon petit, ce cristal magique symbolise l'âme. Cette Lumière représente l'étincelle divine qui vibre à l'intérieur de celle-ci.

— Wow ! Je ne savais pas que notre âme était aussi belle.

Denis et grand-père s'approchent du cristal magique. La Lumière émet un tel rayonnement qu'ils en sont complètement enveloppés, imprégnés. Ils en

ressentent un profond bien-être, un grand sentiment de paix, de sérénité.

— C'est merveilleux !

— Je suis parfaitement d'accord avec toi.

Ils font le tour du cristal contemplant chaque facette qu'ils découvrent. Avec un intérêt soutenu, les animaux suivent leurs regards émerveillés. Pourtant, Denis décèle une ombre sur le visage de grand-père.

— Tu sembles triste maintenant, que se passe-t-il grand-père ?

— Malheureusement, l'âme n'est pas toujours aussi lumineuse.

— Que veux-tu dire ?

— Le cristal peut parfois perdre sa brillance et son éclat selon la couleur des émotions et des sentiments qui nous habitent.

— Tout ça est compliqué, tu veux bien m'expliquer ?

— Observe le cristal Denis et tu comprendras. Lorsque nous sommes tristes, il se recouvre d'un voile et alors, nous ne pouvons pas voir aussi facilement sa lumière. S'il revêt le voile plus opaque de la colère alors là, il est encore plus difficile de voir sa brillance et son éclat. Le cristal peut ainsi s'habiller de plusieurs voiles assombrissant sa Lumière.

— Lesquels grand-père ?

— Les voiles de l'indifférence, de l'égoïsme, de la peur, de l'amertume, de l'isolement, enfin tout ce qui peut nous faire souffrir. Alors le cristal devient terne, il rayonne de moins en moins...

— Comment faire alors pour que le cristal retrouve son éclat et sa brillance ?

— Il faut enlever ces voiles, laisser naître en notre âme de beaux et nobles sentiments et alors il brillera à nouveau de tout son éclat.

— Quels sentiments grand-père ?

— Tous les sentiments qui rendent les gens heureux comme la tendresse, la douceur, la générosité.

Le visage de grand-père s'éclaire à nouveau et Denis aussitôt, retrouve son beau sourire.

— Regarde bien le cristal et voit comme il brille de mille éclats lorsqu'il est rempli de joie et d'amour.

— Je préfère que mon âme ressemble à ce cristal.

— Ce n'est pas tout. Regarde bien ce qui se passe maintenant lorsque nous partageons avec les autres cette joie et cet amour. Tu vois, le cristal se met alors en mouvement, il tourne doucement et ainsi toutes ses facettes scintillent et prennent les couleurs de l'arc-en-ciel. Son rayonnement s'intensifie illuminant et colorant ainsi tout ce qui l'entoure.

— Viens plus près Denis, je vais te réciter un poème. Il te permettra de mieux comprendre. Je l'ai composé il y a déjà quelques années, alors qu'en l'espace de quelques mois, cinq jeunes de notre patelin avaient choisi le suicide pour abréger leurs souffrances. J'en étais profondément bouleversé.

OMBRE ET LUMIÈRE

Quand mon âme se régénère
Côté lumière
Ma vie s'embellit
Et mon esprit s'agrandit

Quand mon âme vagabonde
Côté ombre
Ma vie s'alourdit
Et je m'égare dans la nuit

Quand mon âme se libère
Côté lumière
Ma vie se simplifie
Et ma route s'élargit

Quand mon âme abandonne
Côté ombre
Mes doutes s'amplifient
Et je ne trouve plus appui

Quand mon âme s'éclaire
Côté lumière
Mon cœur se réjouit
Et ma vie s'ennoblit

— C'est vrai grand-père, je comprends mieux maintenant.

— Près de toi petit, mon âme prend ses plus belles couleurs. Tu me donnes tellement de joie et de bonheur.

— Alors mon âme doit certainement être aussi colorée puisque moi aussi je suis tellement bien avec toi.

— Et maintenant Denis, imprègne-toi bien de cette image.

Les animaux s'approchent tout doucement et forment un cercle autour d'eux. Ils se recueillent… C'est un grand moment…

— Tu sais petit, lorsque tu nous quitteras, ton âme voyagera dans l'univers, elle atteindra le ciel pour rejoindre la Lumière Divine.

Denis se blottit tout contre lui. Il y a tellement de tendresse, tellement de douceur dans cette étreinte. Grand-père, touché par la grandeur et l'intensité de ces instants si précieux, les bénit en silence. Ce moment restera à jamais gravé en leur cœur.

Maintenant, il est temps pour eux de quitter la forêt enchantée. Sourire aux lèvres, ils remercient chaleureusement les animaux pour avoir fait le parcours avec eux. Les animaux, tous en chœur, saluent joyeusement grand-père et Denis.

Et magie…
Nous les retrouvons dans la balançoire

Ils ouvrent leurs yeux. Denis se blottit encore davantage dans les bras de grand-père et tout en le serrant très, très fort sur son cœur, lui murmure à l'oreille un précieux secret :

— Je t'aime grand-père, gros comme le ciel, gros comme la terre, gros comme le soleil !

— Je t'aime si fort petit, si fort.

La Lumière et les couleurs du cristal brillent encore dans leurs yeux. C'est un moment magique entre Denis et grand-père. Un moment magique...

LE SECRET DE GRAND-MÈRE

Quelques semaines se sont écoulées depuis leur promenade dans la forêt enchantée. De retour chez grand-père, Denis arrive à peine d'un bref séjour à l'hôpital. Grand-père joue du piano et, malgré les notes joyeuses qui prennent vie sous ses doigts, Denis est bien songeur. Ce n'est pourtant pas sa maladie qui le laisse perplexe, mais plutôt

une toute petite phrase entendue ce matin avant de quitter l'hôpital. Par bonheur, grand-père décèle cette ombre de tristesse dans ses yeux. Allons découvrir s'il pourra le rassurer...

— Ça ne va pas Denis ?

— Oh... Tu sais...

— Hum... Tu as l'air bien préoccupé...

— Oui... Une question se promène dans ma tête... et je ne trouve pas de réponse.

— Mais dis-moi, quelle est donc cette question ?

— Ce matin dans le couloir, Manon l'infirmière s'est penchée vers moi en déposant doucement un baiser sur mon front. « Bonjour petit ange » m'a-t-elle dit.

Et les yeux brillants, il poursuit :

— Manon m'accueille toujours avec chaleur et tendresse.

— Tu l'aimes beaucoup Manon, n'est-ce pas ?

— Beaucoup grand-père, beaucoup. Elle a ensuite confié à une dame tout près de nous : « Je les appelle toujours ainsi les petits enfants malades, ils ont tellement de lumière dans leurs yeux et tellement de sagesse dans leur cœur. »

— Oui... et elle a bien raison.

— Mais lorsque je me suis éloigné pour regagner ma chambre, la dame lui a répondu : « Je ne comprends pas pourquoi des enfants si petits, sont si malades. À quoi ça sert la vie si c'est pour souffrir ainsi et peut-être même en mourir ? ».

— Je vois Denis.

— Tu connais la réponse toi ? Dis, à quoi ça sert la vie ?

— Hum... C'est une grande question... Tu te souviens lorsque je t'ai parlé de l'âme à travers le récit du cristal magique ?

— Bien sûr, le cristal c'est notre âme et elle contient la Lumière, l'étincelle divine qui est en nous.

— Je suis heureux que tu t'en souviennes si bien !

— Tu sais combien j'apprécie tes récits grand-père et dis-moi, comment aurais-je pu oublier la lumière et les couleurs du cristal ?

— Eh bien Denis, la vie sert justement à embellir notre âme pour que brille, de plus en plus fort, sa Lumière.

— Embellir notre âme ?

— Lorsqu'elle est inondée de lumière et de couleurs, l'âme reflète l'amour. Et lorsque le moment sera venu, elle pourra traverser avec sérénité le passage de la vie à la mort. Mais il nous faut, pour cela, en prendre soin à tous les jours.

— Mais comment ?

— Ta grand-maman, qui habite depuis déjà quelques années le monde d'amour et de lumière, avait une façon bien spéciale d'embellir son âme. C'est un secret qu'elle aurait eu grand plaisir à te confier.

— Grand-mère avait un secret ?

— Eh bien tu sais Denis, tous les gens qu'elle côtoyait connaissaient son secret ! Elle aimait tellement partager sa vision de la vie.

— Mais voyons grand-père, si tout le monde le savait, ce n'était plus un secret.

— Pour ta grand-maman cela en était tout de même un. Lorsqu'elle dévoilait son âme aux autres, partageant ainsi ce qu'elle avait de plus intime, de plus précieux, elle avait l'impression de leur transmettre un secret.

— Parle-moi de grand-mère. Je n'ai pas vraiment de souvenirs, j'étais trop petit lorsqu'elle nous a quittés.

Et grand-père, le bonheur dans les yeux, évoque avec tendresse ces doux souvenirs :

— Je la revois… se promenant dans les champs… Aussitôt qu'apparaissaient les premières fleurs du printemps, elle prenait plaisir à en cueillir plein le panier qu'elle tenait délicieusement à son bras. Pour ta grand-maman, la nature était source de joie, elle y puisait chaleur, douceur, force et courage. Elle était douée pour colorer la vie des gens. C'était sa façon à elle de soigner son jardin intérieur, l'immense jardin de son cœur.

— Le jardin de son cœur ?

— Oui Denis, c'était là son secret ! Elle le cultivait avec tellement d'amour. Lors de notre première rencontre, ta grand-maman avait partagé avec moi son secret. Tu vois, elle m'avait parlé de son immense jardin.

— Dis, tu veux bien me raconter grand-père ?

— Ce jour-là, mon voisin et moi avions eu une discussion fort désagréable. Très en colère, des paroles blessantes furent prononcées. Je n'étais pas particulièrement fier de moi.

— Je sais à quel point on peut se sentir mal quand on est fâché, ça m'est déjà arrivé quelquefois.

Grand-père, le regard au loin, se remémore :

— ... Beaucoup de confusion régnait dans mon cœur. Un temps de réflexion s'imposait... Je voulais comprendre pourquoi je m'étais emporté de la sorte. J'ai alors cherché refuge sur le gros rocher près du ruisseau.

— Le ruisseau tout près de chez toi ?

— Eh oui, là... tout respire le calme et la paix. J'y étais depuis près d'une heure lorsque, pour la première fois, j'ai vu ta grand-maman; une belle jeune femme tout simplement rayonnante sous son chapeau de paille entouré d'un large ruban jaune, comme un soleil radieux. Son regard était doux, son sourire magnifique. Elle tenait dans ses mains un panier débordant de fleurs des champs. Elle ressemblait à une marchande de fleurs, une marchande de bonheur.

Tout en douceur, elle s'est approchée de moi et, à ce moment précis, j'ai senti un vent de légèreté comme un souffle nouveau pénétrer mon cœur. Comme si elle m'entourait d'amour, un amour si tendre, si pur. J'étais enveloppé par sa bonté, sa douceur et je voyais à son regard qu'elle devinait mon désarroi.

Et grand-père raconte :

— Vous avez l'air bien songeur, cher Monsieur.

— Par contre, vous êtes dans une forme splendide, vous respirez le bonheur et la joie de vivre. Une recette magique peut-être ?

— Non, pas de recette magique, mais plutôt un secret.

— Vous voilà bien mystérieuse…

— Je peux vous le dévoiler…

— Oh ! Vous seriez très gentille.

— Avec grand plaisir cher Monsieur. Vous voyez, j'imagine ma vie comme un immense jardin et le cultive en y mettant tout mon cœur. Comme je tiens à ce que ma récolte soit superbe, j'y dépose de belles semences et l'entretiens avec soin. Chaque jour, ma bonne humeur inonde mon jardin intérieur du soleil dont il a besoin et, pour étancher sa soif, une pluie de joie forme des perles de rosée.

— Et la vie vous semble toujours belle ?

— Bien sûr, il y a des moments plus difficiles à traverser, mais ceux-ci sont toujours porteurs de belles leçons de vie et de courage. J'en profite alors pour bien chercher au fond de mon cœur. Ces ré-

flexions terminées, je peux éclaircir mon jardin en enlevant les mauvaises herbes qu'il contient pour ensuite semer de nouvelles graines.

— Je vois... Mais ces mauvaises herbes dont vous parlez, quelles sont-elles ?

— Tout ce qui peut ternir la lumière de notre âme comme la colère, la rancune, la culpabilité, la peur, enfin tout ce qui nous trouble et nous empêche de vivre pleinement et sereinement notre vie.

— Hum... Tout un travail...

— Un travail de tous les instants mon cher Monsieur, mais je possède de bons outils.

— Et quels sont ces outils ?

— Dans mon coffre à outils, il y a le courage et la détermination puisqu'il en faut pour traverser les moments plus difficiles. Vous savez, c'est l'attitude que nous adoptons face aux différents événements de la vie qui assombrit ou embellit notre âme. Alors, l'attitude positive et la profonde conviction que la vie vaut la peine d'être pleinement vécue comptent parmi mes outils les plus précieux. Il y a aussi le goût du dépassement me permettant de réaliser mes rêves et d'aller toujours plus haut, toujours plus loin.

— Et pour acquérir ces outils chère Dame ?

— Vous les puisez à l'intérieur de vous. Ils vous habitent et le choix de les utiliser ou non vous revient. Soyez à l'écoute de tout ce qui peut être utile à l'accroissement et la bonne récolte de votre jardin. De même, sachez faire preuve de vigilance sur ce qui pourrait nuire ou même détruire votre récolte.

— Je ne sais pas... mon voisin lui, il...

— C'est une erreur, je crois, de comparer, de penser que les récoltes des autres sont meilleures ou moins abondantes que les nôtres. Nous n'avons pas à juger. Chaque semeur sait ce qu'il sème et ce qu'il récoltera. Nous ne sommes pas dans les souliers de l'autre pour connaître le contenu de son jardin ni combien d'efforts il doit déployer pour bien le cultiver. Il serait plus sage de consacrer ce temps à remercier et rendre grâces pour notre propre récolte.

— Je m'incline devant tant de sagesse...

— La générosité et la grandeur d'âme d'une personne ne se mesurent pas à l'œil, mais avec le cœur. L'important est d'être réceptif à l'autre, lui ouvrir notre cœur et l'inviter à sillonner notre jardin intérieur.

— Hum...

— Peut-être qu'à son tour, il aura le goût de partager les fruits que contient le sien. D'une très grande richesse, ces échanges contribuent à embellir nos jardins respectifs.

— Il me semble parfois que les récoltes sont bien maigres pour tous les efforts investis...

— N'oubliez pas, tant qu'une étincelle de vie germe en nous, il y a place à la récolte. Soyez assuré que tout ce que vous avez semé avec amour portera, un jour ou l'autre, ses plus beaux fruits.

**Grand-père termine ainsi le récit
de sa toute première rencontre avec grand-mère**

— Je suis heureux de connaître le secret de grand-mère.

— Elle était merveilleuse, toujours enjouée, toujours prête à rendre service.

— Tu l'aimes beaucoup, n'est-ce pas ?

— Oh oui Denis, nous avons vécu tellement de beaux moments ensemble.

— Mais dis-moi grand-père, quelle est ta plus belle récolte ?

— Tu vois, c'est celle qui m'a demandé le plus long travail, la plus profonde réflexion. J'en ai mis du temps à comprendre, mais cette récolte est la plus chère à mon cœur et c'est la liberté.

— La liberté ?

— Et tu sais quelle semence j'ai utilisée pour récolter la liberté ? Le pardon petit... le pardon... à ceux qui m'avaient blessé soit par leurs paroles, leurs gestes ou encore leur indifférence à mon égard. En leur accordant le pardon, je me suis libéré d'un énorme poids que je trimbalais dans mon sac de semence et du même coup, de bien des mauvaises herbes envahissant le jardin de mon cœur. Depuis ce jour, l'amour guide mes pas, mes gestes, mes paroles et je suis fier de mon immense jardin.

— Moi grand-père, quelle est ma plus belle récolte ? Je n'aurai pas vécu aussi longtemps que toi... Est-ce que ma récolte sera plus petite ?

— Non Denis, ta récolte sera superbe. Tu laisseras derrière toi le souvenir d'un enfant dont le courage et la joie de vivre en auront étonné plus d'un. Tu as su apprivoiser la mort, tout comme ta grand-maman, permettant ainsi à ceux que tu quitteras de vivre cet événement avec courage et sérénité.

— Oh ! Merci ! Tout comme toi, je suis fier de mon immense jardin ! Mais dis, grand-père... J'ai une question à te poser... Auras-tu de la peine lorsque je partirai ?

— Bien sûr mon petit, j'aurai de la peine, beaucoup même... Je serai très triste, mais toujours je sentirai ta présence dans mon cœur, même lorsque tu seras de l'autre côté dans la Lumière.

Tendrement, Denis se rapproche de grand-père et murmure :

— Grand-père... Quand je ne serai plus là, je deviendrai ton ange gardien...

— Merci petit, merci, tu me réchauffes le cœur.

Grand-père dépose un baiser sur son front tout en caressant doucement son visage.

— Allonge-toi sur le canapé, Denis. Dors maintenant, le sommeil gagne tes paupières. Laisse-toi bercer, je vais fredonner de belles mélodies.

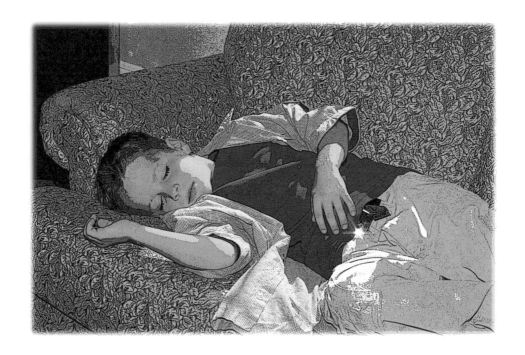

Et Denis s'endort… paisiblement…

TON CŒUR J'HABITERAI

Après avoir sommeillé quelques heures, Denis ouvre les yeux. Confortablement installé dans la chaise berceuse, grand-père s'est assoupi. Denis s'amuse à le voir ainsi. Grand-père, sentant son regard, ouvre les yeux et son visage s'éclaire en rencontrant le sourire de son petit Denis.

— Dis, tu as bien dormi ?

— Très bien grand-père, mais je vois que toi aussi, tu en as profité pour te reposer.

— Oui, mais avant j'ai pensé intensément à ce que tu m'as dit tout juste avant de t'endormir.

— Que je deviendrai ton ange gardien quand je ne serai plus là ?

— Oui, et tes paroles ont inspiré mon cœur. Je t'ai écrit un poème.

— Oh ! Comme tu es gentil grand-père ! Viens t'asseoir près de moi et lis-moi vite ce poème.

Échangeant un regard complice, grand-père lui demande s'il veut bien lui lire. Denis s'en fait un plaisir, et à l'oreille, lui récite :

QUAND JE NE SERAI PLUS LÀ

Quand je ne serai plus là
Avec vous dans cette vie
Je me ferai tout petit
Et sans bruit, telle une lueur
J'habiterai dans votre cœur

Quand je ne serai plus là
Que des larmes seront versées
Je me ferai souffle léger
Comme une douce caresse
J'atténuerai votre tristesse

Quand je ne serai plus là
Que la vie sera tourments
Je me ferai plus présent
Et tel un vent de douceur
J'apaiserai votre douleur

Quand je ne serai plus là
Je viendrai d'un pas léger
De ma Lumière vous témoigner
Et de mille éclats d'amour
Je sèmerai votre parcours

Mais faites-moi une promesse
Que sérénité et tendresse
Abondent dans votre cœur
Pour me redonner Souffle de Vie
Quand je ne serai plus là…

Denis est ému, une larme coule sur sa joue. Grand-père se penche tendrement vers lui, le prend dans ses bras et à son tour, verse une larme. Tous les deux éprouvent un grand bonheur de se savoir si près l'un de l'autre.

— Dis grand-père, as-tu trouvé ça difficile de te séparer de grand-mère quand elle est morte ?

— Beaucoup Denis. Il y a eu des jours où, bien malgré moi, j'en voulais à la vie. Je trouvais ça injuste et cruel. Il me semblait que la vie sans ta grand-maman ne valait pas la peine d'être vécue. Lorsque dans mon cœur c'était la tempête, je relisais la lettre qu'elle m'avait écrite quelques jours avant son grand départ pour le monde d'amour. Là, tout doucement la tempête se calmait, le soleil revenait et je me sentais le cœur plus léger, l'âme en paix.

En silence, Denis glisse sa main dans celle de grand-père et lui sourit tendrement.

— « Voilà mon plus bel héritage » m'a-t-elle dit le jour où elle m'a remis cette lettre. Tiens… Viens près de moi… Je vais t'en confier le contenu et ainsi nous pourrons davantage nous imprégner de son amour.

À mon cher époux, toi qui as partagé ma route,

Tu te souviens comme nous avons souvent parlé de nos jardins intérieurs enlacés l'un contre l'autre au coin du feu ou encore dans notre grande chaise berceuse sur la véranda ? J'en garde de précieux souvenirs...

Eh bien voilà, nous savons tous les deux que je vais bientôt entreprendre le grand voyage. Je sais qu'avec mon départ se trace pour toi une voie plus difficile à parcourir et je te laisse ce message pour qu'il puisse t'aider à cheminer plus sereinement.

Tu sais, personne n'est à l'abri de ces vents déchaînés où tout peut être balayé. Les différents événements de la vie se font parfois bouleversants, voire déroutants. Les jours où la tourmente dans ton cœur fait rage, n'oublie pas qu'un semeur ne sème pas en pleine tempête. Consacre plutôt ce temps pour te recueillir et puiser force, courage et sérénité pour reprendre foi en la vie. Ton jardin n'en sera que plus beau parce que fort d'un souffle nouveau.

Tout près de la grande récolte, je pourrai bientôt en contempler et en apprécier toute l'ampleur, l'étendue. Durant ma vie terrestre, des petits et des grands bonheurs ont fleuri sur mon chemin, laissant en mon cœur de très beaux sentiments.

Ma route a aussi été parsemée de petites et de grandes épreuves, mais c'est par la compréhension et par l'acceptation de celles-ci que j'ai pu reconnaître les grandes leçons de vie et de courage qui les accompagnaient. La Lumière déverse en notre âme ses plus nobles richesses si nous gardons l'espoir et l'amour en notre cœur.

Surtout n'oublie pas, je serai toujours là, tout près de toi, pour te guider et t'accompagner dans ta recherche pour l'embellissement de ton immense jardin. À bientôt…

Ton épouse qui t'aime tendrement

— C'est tellement beau... Merci d'avoir partagé avec moi le message de grand-mère. Je la sens encore plus présente dans mon cœur.

— C'est un grand bonheur pour moi. Tu sais, ta grand-maman était vraiment un être exceptionnel.

— Tu gardes toujours cette lettre sur toi grand-père ?

À mon cher époux

— Précieusement Denis, précieusement. Elle m'a été d'un grand secours et c'est grâce à cette lettre qu'un jour, j'ai vraiment accepté le départ de ta grand-maman. J'ai alors compris que la vie avait toujours des bonheurs à m'offrir si j'ouvrais tout grands mes bras, tout grand mon cœur. Ce jour-là j'ai composé un poème.

— Tu veux bien le réciter grand-père ?

— Bien sûr Denis. Écoute bien.

JE POURSUIS MA ROUTE…

Malgré mon âme meurtrie
Par la mort et la vie
Les besoins inassouvis
Et les pourquoi incompris
… Je poursuivais ma route

Malgré mon être tourmenté
L'équilibre menacé
Par les blessures infligées
Et les rêves dispersés
… Je poursuivais ma route

Malgré le cœur en détresse
L'amour maladresse
Le regard tristesse
Et ma quête de tendresse
… Je poursuivais ma route

Malgré l'esprit inquiet
Les doutes qui me tourmentaient
Pour les rêves que je caressais
Et les projets que j'ébauchais
… Je poursuivais ma route

À présent, mon âme empreinte de sagesse
Mon être rempli d'allégresse
Mon cœur débordant de richesses
Mon esprit plein de promesses
Je poursuis ma route…

— C'est très beau grand-père...

— Merci, tu es gentil...

— Dis, tu veux bien me bercer ?

— Avec grand plaisir Denis. Viens, viens dans mes bras.

Il fait presque nuit maintenant, les étoiles scintillent. Denis les regarde intensément, l'air songeur. Grand-père en fait tout autant. Leurs regards portent au-delà des étoiles, dans l'immensité infinie, là où les mystères de la vie dévoilent leurs secrets. La mort, lorsqu'elle se trouve sur notre passage, suscite de nombreux questionnements. Denis pousse un soupir, se blottit davantage dans les bras de grand-père qui, le serrant très fort sur son cœur, lui souffle à l'oreille :

— Je t'aime tellement Denis, tellement...

— Moi aussi grand-père, moi aussi je t'aime tellement.

☆ ☆ ☆

COMME DES MILLIERS D'ÉTOILES

Cette splendide journée revêt pour Denis, une couleur exceptionnelle. Une lueur toute spéciale brille dans ses yeux. Bien sûr, les chauds rayons du soleil se prélassant aux fenêtres y contribuent, mais il y a autre chose. Denis sort à peine d'un magnifique rêve où un personnage d'une grande bonté est venu à sa rencontre. Des enfants, connus lors de séjours à l'hôpital et maintenant décédés, accompagnaient cet être.

Encore sous le charme, Denis descend vivement les escaliers. Dehors, grand-père s'affaire à mettre le couvert pour servir le petit-déjeuner. L'accueil est des plus chaleureux.

— Grand-père ! Grand-père ! J'ai une merveilleuse histoire à te raconter !

Le regard enjoué, grand-père le taquine :

— Une histoire ! Tiens, tiens, tu prends la relève ?

Denis s'empresse de l'embrasser. Ses petites mains se faufilent, se joignent à celles de grand-père. Ces moments précieux leur réchauffent le cœur.

— J'ai fait un rêve cette nuit ! Et quel rêve ! Tu ne devineras jamais !

Dans les yeux de grand-père se lit la curiosité. Tout emballé, Denis lui raconte :

— J'étais avec Isabelle, Vincent, Marie-Ève et Sandy ! Tu te souviens d'eux, n'est-ce pas ?

— Mais bien sûr, comment les oublier, ils étaient si gentils.

Denis se fait plus mystérieux.

— Et ce n'est pas tout ! Un Être de Lumière est venu vers moi... Je sens encore comme des milliers de petites étoiles qui bougent dans mon corps...

Fasciné, grand-père répète :

— Des étoiles qui bougent dans ton corps ?! Et un Être de Lumière ?! Eh bien... Eh bien...

Étonné, Denis le regarde et grand-père continue :

— Moi aussi Denis, j'ai rêvé d'un Être de Lumière...

— Toi aussi ?!

— À peine croyable, n'est-ce pas ? Mais parle-moi plutôt de ton rêve. Après, je te raconterai le mien.

Laissons la magie nous transporter hors du temps pour pénétrer au coeur même de ce rêve...

Se promenant dans un champ à perte de vue, Denis s'amuse à cueillir des fleurs. Il y en a des milliers, de toutes les couleurs, de tous les parfums. Il s'en fait un énorme bouquet et tout heureux, court à vive allure. Il rayonne de joie de vivre. Au loin, une lumière très brillante attire son regard. Il s'avance, de plus en plus près, se hâte. Encore quelques pas et surprise ! C'est un Être de Lumière !

L'Être s'approche et le salue :

— Bonjour Denis, je t'attendais...

— Bonjour...

Une lumière très douce, très enveloppante se dégage de cet Être. Elle fait naître en Denis un intense sentiment de bien-être, de paix, un sentiment de protection, de sécurité.

— Puis-je t'accompagner Denis ?

— Mais bien sûr !

— Viens, prends ma main.

Au moment où Denis lui prend la main, il se sent tout drôle, comme si son corps se remplissait de milliers de petites étoiles scintillantes qui bougent sans cesse.

L'Être lui propose :

— Veux-tu vivre avec moi une expérience extraordinaire ?

Surpris, Denis écoute très attentivement. Les milliers d'étoiles qui bougent dans tout son corps lui confirment qu'un moment exceptionnel lui est offert. Sous le regard bienveillant de l'Être de Lumière, il accepte avec joie.

— Cela te permettra de comprendre que la mort physique n'est qu'un passage. Un passage vers un monde où règne la joie et l'amour, où tout ce que l'on voit, entend et ressent est en parfaite harmonie.

Ils longent un sentier au bord d'un ruisseau et pénètrent dans un monde d'une beauté telle que, même avec son cœur d'enfant, on ne pourrait imaginer. La mine réjouie, une volée d'oiseaux les accueillent. Ils s'assoient tous les deux au pied d'un grand chêne. Denis porte un brin d'herbe à sa bouche et s'adosse à cet arbre. L'Être de Lumière lui murmure d'une voix très douce :

— Ferme les yeux Denis, ne crains rien, je reste là tout près de toi.

Denis ferme les yeux et l'Être se met à le questionner :

— Comment te sens-tu présentement ?

— Je me sens très bien, l'endroit est calme, paisible. Je sens la brise légère qui caresse doucement mon visage et puis, ça sent bon les fleurs.

— Qu'est-ce que tu entends ?

— J'entends les oiseaux chanter, l'eau du ruisseau couler.

— Et le bruissement des feuilles que la brise s'amuse à faire bouger ?

— Hum... Oui... c'est tout doux...

— Te sens-tu bien avec moi ?

— Je me sens merveilleusement bien. Mon corps qui me fait terriblement souffrir ne souffre plus. Je ne ressens plus la douleur.

Étonné, Denis ouvre tout grands les yeux. L'Être lui suggère :

— Referme les yeux un instant. Dis-moi, peux-tu voir les gens que tu aimes ? Ton père et ta mère, tes frères et sœurs, tes grands-parents, tes amis ?

— Oui, je les vois, comme s'ils étaient ici avec moi.

— Es-tu heureux de les voir ?

— Oh oui ! Je les aime beaucoup, je suis toujours bien avec eux !

— Peux-tu les sentir dans ton cœur ?

— Oui, je peux sentir tout leur amour !

— Ouvre les yeux Denis.

— Tu as maintenant la certitude que, malgré l'absence des êtres aimés, leurs souvenirs restent à jamais gravés en nous. Il suffit de penser à eux très fort; tout comme tu peux aussi, lorsque tu les imagines les yeux fermés, voir et entendre les oiseaux chanter, l'eau du ruisseau couler et les feuilles des arbres murmurer.

Réconforté, Denis est heureux de savoir qu'il emportera avec lui le souvenir de leur amour.

— Viens, suivons ce sentier. Tu pourras constater avec quelle douceur s'effectuera ton passage de la vie à la mort et ton retour à la vie céleste. Denis a l'impression de marcher comme sur des nuages. Le sentier tout blanc, à peine teinté de rose sur les rebords conduit vers un paysage enchanteur. Tout émerveillé, il s'exclame :

— Wow ! Je n'ai jamais vu un tel endroit !

Devant eux, un superbe ruisseau où s'entremêlent joyeusement courants de couleurs et reflets argentés. De petits arbustes bordent fièrement ce ruisseau. C'est à couper le souffle ! Les couleurs sont incroyablement belles. Une magnifique lumière, comme un immense soleil, fait danser ses rayons. L'émerveillement et l'admiration se lisent sur son visage.

Denis entend des rires... des rires d'enfants... Des petites filles et des petits garçons viennent vers lui en souriant. Ils éprouvent un tel bonheur de le voir.

Ils l'accueillent avec chaleur, l'embrassent, lui souhaitant la bienvenue.

Tout prend allure de grande fête ! Denis est comblé. Ce monde d'une si grande beauté lui remplit le cœur d'un immense sentiment de joie. Il se sent enveloppé d'une douce chaleur et ressent encore plus fort ces milliers de petites étoiles qui bougent dans son corps.

Et surprise ! Voilà que Vincent et Isabelle le rejoignent ! Avec ses yeux rieurs, Isabelle lui déclare :

— Je suis toujours là Denis, tout près de toi, pour t'aider à traverser les moments difficiles de ta maladie.

À son tour, Vincent avec la grande sagesse qui le caractérise, lui dévoile :

— Nous reviendrons bientôt pour t'accueillir lorsque tu seras prêt à traverser le temps, à venir de l'autre côté avec nous.

Tout juste derrière lui, Denis aperçoit Marie-Ève avec ses beaux grands yeux et Sandy qui, avec son regard toujours aussi intense, lui révèle :

— Sois assuré Denis, nous serons tous là à t'attendre lorsque tu devras quitter la terre et ceux que tu aimes.

Et Marie-Ève confirme :

— N'aie crainte, c'est une promesse, nous serons tous là avec toi.

Prenant Denis par la main, l'Être de Lumière lui signale que le rêve s'achève.

— C'est merveilleux, extraordinaire. Jamais je ne me suis senti aussi bien. Je n'ai plus peur de mourir maintenant. Je sais qu'ils seront tous là pour m'accueillir dans ce monde d'amour.

Lui souriant tendrement, l'Être murmure :

— Moi aussi, Denis, je serai là.

L'embrassant tout doucement, Denis le remercie pour ce très beau moment partagé ensemble.

Ainsi se termine le plus beau rêve de Denis.

≈

Grand-père l'a écouté sans dire un mot. Il y avait tellement d'émerveillement dans ses yeux. Même que… à quelques reprises… grand-père a lui aussi ressenti des milliers de petites étoiles scintillantes dans tout son corps.

— Je me sens tellement bien depuis ce rêve.

— C'est un merveilleux rêve Denis.

— Et toi, tu me racontes le tien ?

— Voilà, je me promenais dans notre petit village. Les gens me demandaient de tes nouvelles et…

Une fois de plus, la magie nous amène dans le merveilleux monde des rêves…

— Comment va notre petit Denis ?

Le chagrin au fond des yeux, grand-père répond :

— Oh… Vous savez… la maladie suit son cours…

Une dame, le regard peiné, soupire :

— Nous sommes tristes, nous savons bien que notre petit Denis va bientôt mourir.

Un monsieur demande, hésitant :

— Mais… Est-ce que vous entendez ?

Les gens prêtent attention. Au loin une musique, d'abord à peine perceptible, quelques notes seulement, puis plus rien. Silence.

À nouveau cette musique. Elle se rapproche, devient de plus en plus audible. Des gens sortent des maisons, s'interrogent. Quel est donc cet air de réjouissance ? Ils ne savent pas, se questionnent.

— Aurions-nous oublié une fête ?

— Mais non... Je ne crois pas...

— Un tel enchantement annonce, j'en suis certaine, un événement grandiose.

Une grand-maman s'exclame :

— Une musique si belle ne peut venir que du ciel !

— Mais oui, une musique céleste !

Les notes jaillissent et rejoignent le cœur des gens. Un vent de magie souffle dans l'air. Soudain, des milliers d'étoiles descendent du ciel et de toutes les directions apparaissent des Enfants de Lumière.

C'est féerique, tous les yeux sont tournés vers eux. En écho de leur étonnement, se font entendre leurs rires clairs et cristallins comme seuls les enfants sont capables de rire. Regards surpris, émerveillés. Impression d'être dans un monde où tout est amour et joie.

Puis, un grand silence. Une Lumière très brillante surgit dans le ciel. Les gens lèvent les yeux, éblouis devant cette Lumière si douce et si intense tout à la fois. Des milliers d'étoiles poursuivent leur parcours imprégnant le cœur des gens de paix et d'amour.

Vibrante, la musique reprend de plus belle. De cette Lumière se déverse une autre Lumière, comme une énorme bulle, d'où prennent forme des Êtres célestes au regard empreint d'amour. L'un d'entre eux s'adresse à ces gens :

— L'heure est maintenant venue pour Denis de vivre avec nous et de se retrouver avec tous ces Êtres ayant déjà fait un séjour sur la terre.

Quelques personnes commencent à s'affoler, mais l'Être leur explique d'une voix douce et rassurante :

— Tous, un jour, serez appelés à entreprendre ce grand voyage. Le moment viendra pour chacun d'entre vous et loin de vous faire oublier ceux que vous aimez, votre amour devient encore plus beau, plus grand, plus fort. Vous tous possédez le pouvoir de recréer l'immense sentiment d'amour porté à ceux que vous chérissez, même s'ils ne sont plus à vos côtés. Il suffit d'imprégner vos pensées d'amour pour sentir les liens qui vous unissent toujours. Vous ressentirez alors des milliers d'étoiles à l'intérieur de vous. Elles témoigneront de leur présence à vos côtés.

L'Être de Lumière poursuit :

— Le plus beau cadeau que vous puissiez offrir à Denis et à toutes les personnes qui comme lui devront quitter la terre, est de les laisser partir avec sérénité. Dites-leur combien vous les aimez, combien vous appréciez tous les bonheurs partagés. Par leur présence, ils vous ont aidé à parcourir votre chemin terrestre et c'est maintenant avec vos pensées d'amour qu'ils pourront emprunter le chemin céleste et le parcourir en toute liberté.

À ce moment, les gens voient apparaître Denis aux côtés des Êtres de Lumière, d'abord avec son corps physique puis, en l'espace de quelques secondes, son corps brille de milliers d'étoiles. Un amour infini se lit dans ses yeux. Avec son plus beau sourire, il leur envoie la main et tout plein de baisers.

Les gens se regardent fascinés par toute cette beauté, toute cette magie. À leur tour, ils envoient la main à Denis et plein de baisers. Émus, ils se prennent la main, laissant échapper quelques larmes. Tous ont le cœur débordant d'amour. Une grande paix s'est installée.

La bulle se referme tout doucement et retourne vers la Lumière. Les Enfants et la Lumière disparais-

sent à leur tour laissant dans le cœur des gens douceur, tendresse et sérénité.

Les images du rêve s'estompent.

— C'est très, très beau grand-père... Mais dis, tu ne trouves pas étrange que tous les deux nous ayons rêvé cette nuit au monde d'amour et de lumière ?

— Non Denis, non... Peut-être qu'hier soir, alors que nous regardions les étoiles, nos pensées se sont croisées... Nous avions peut-être les mêmes interrogations sur la mort et un merveilleux rêve est venu dissiper nos inquiétudes chacun de notre côté.

— C'est vrai. J'avais encore quelques craintes, mais maintenant la mort ne me fait plus peur. Je sais que tout se passera en douceur.

Réconfortés et apaisés par ces rêves, Denis et grand-père ont, une fois de plus, vécu un moment privilégié. Ils savent fort bien tous les deux qu'il n'est plus très loin le jour où ils devront se quitter. Denis est de plus en plus près du grand voyage.

AUX PORTES DE L'INFINI

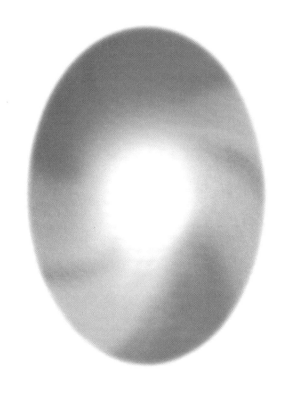

Voilà, le grand moment est arrivé... Denis vient tout juste de quitter les siens pour retourner vers le monde d'amour et de lumière. Tout comme lors de son rêve, des Êtres de Lumière aident son âme à franchir ce passage. Ensemble, ils s'envolent et font leur entrée dans ce qui semble être un tunnel. De magnifiques couleurs tournoient doucement et vibrent, tel un écho, à l'Amour Divin. Chacun le porte en lui cet amour, il ne demande qu'à s'exprimer dans toute sa splendeur pour ainsi se multiplier à l'infini. Toute cette beauté diffuse en Denis de doux sentiments de plénitude.

Au bout de ce tunnel, brille une Lumière encore plus intense, plus éclatante. C'est la Source Divine. Les vibrations qui en émanent sont tout amour, elles dégagent une infinie bonté, une infinie douceur. Son rayonnement est tellement intense que Denis se sent complètement enveloppé, inondé d'amour, de chaleur. Cette Lumière l'imprègne totalement, comme s'il en faisait partie et son corps devient encore plus lumineux.

Il y a dans ce monde d'amour une richesse incroyable de sons et de couleurs. La moindre parcelle d'espace est habitée par une pensée de joie, de paix et d'harmonie. Des notes carillonnent joyeusement lors du passage des anges et des Êtres de Lumière. Tout est son et lumière. Denis se porte acquéreur de toutes ces richesses. Il ne cesse de regarder autour de lui avec émerveillement. Tout est si beau.

Attiré par un magnifique jardin, Denis s'avance. Dans ce coin enchanteur, une balançoire oscille paisiblement. Une silhouette lumineuse s'y prélasse et surprise! C'est grand-mère! Doucement, Denis se glisse dans sa Lumière. Ils ressentent un tel bonheur, une telle joie de se retrouver. Ils en profitent pour échanger tout plein de caresses et de baisers. Leur conversation porte sur grand-père et ils passent ainsi

quelques instants à se remémorer de beaux souvenirs. Grand-mère explique que, de ce côté-ci, ils n'ont pas besoin de parler pour se comprendre, c'est plutôt par la pensée qu'ils communiquent. Aussitôt, il s'amuse à vérifier ce nouveau mode d'expression et il pense : « Je t'aime très très fort grand-mère » et elle lui répond par la pensée : « Moi aussi mon petit, je t'aime très très fort » et de bon cœur, tous les deux éclatent de rire.

L'Être de Lumière invite maintenant Denis et grand-mère à le suivre. Denis reconnaît le merveilleux paysage visité lors de son rêve. Les Enfants de Lumière lui ont préparé une grande fête pour souligner son retour. Des cris de joie et des rires fusent de toute part. Chacun exprime son immense bonheur de le retrouver parmi eux. Ils s'amusent et toute cette effervescence se propage rapidement lui permettant de s'adapter aisément à ce nouveau monde.

Denis entend derrière lui une voix bien connue. Isabelle lui déclare allègrement sa joie de le retrouver. Elle lui raconte sa présence à ses côtés avec son corps de Lumière jusqu'à la toute fin. Même s'il ne pouvait pas la voir réellement, elle lui apportait sérénité et courage. Avec empressement, il lui témoigne sa reconnaissance.

Vincent, Marie-Ève et Sandy les rejoignent, l'accueillent chaleureusement. Vincent lui apprend que bientôt il aura, tout comme lui et Isabelle, à être présent auprès d'un jeune traversant une période difficile. Et Marie-Ève de lui préciser qu'il ira vers ce jeune avec son corps de Lumière. Elle lui explique que les Êtres de Lumière accompagnent les gens dans leur recherche spirituelle pour accéder à la pureté de leur âme. Sandy ajoute que les anges sont là pour apaiser, rassurer et protéger et que son rôle sera de déposer un baume de tendresse dans le cœur de ce jeune en détresse. Denis est heureux d'apprendre qu'il pourra, à son tour, être auprès de quelqu'un.

Il est temps maintenant de revoir sa vie terrestre pour en comprendre les grandes leçons et voir s'il a accompli tout ce qui lui était destiné. Grand-mère l'invite à poursuivre son chemin avec l'Être de Lumière. Elle l'assure de sa présence s'il a besoin d'elle. Il lui suffira d'en formuler le vœu et elle sera à ses côtés pour l'éclairer dans cette démarche. Un baiser, une caresse et Denis poursuit sa route.

Ils atteignent maintenant un endroit inondé de lumière où tout est blanc. Un groupe d'anges s'avancent. Ils semblent connaître Denis depuis la nuit des temps. Prenant place en cercle sur ce qui semble être de légers nuages, ils invitent Denis à s'asseoir avec eux, à s'installer confortablement.

Denis songe à ce qu'ils attendent de lui et aussitôt il les voit s'animer. C'est comme si ces Êtres occupaient tout l'espace et pourtant, cet espace est si vaste. Il entend leurs pensées sans qu'ils aient besoin de parler.

L'Être de Lumière l'invite à plonger au cœur même de son âme pour faire le bilan de sa vie terrestre. Il lui explique comment se déroulera ce voyage.

— Tu sais Denis, lorsque sur terre nous ignorons les appels à la générosité, des voiles d'ombre ternissent notre âme. Lors de ce voyage, tu soulèveras chacun de ces voiles. Tu prendras ainsi conscience qu'à certains moments, ton cœur n'a pas su accueillir les beautés de l'univers.

Et l'Être poursuit :

— Recueille-toi maintenant et ton regard intérieur se posera sur un de ces voiles.

Et Denis, sous le regard bienveillant des anges, se recueille. Ils ne sont pas là pour le juger mais bien pour l'aider à comprendre pourquoi, à ces moments, il

s'est fermé à l'amour. À mesure qu'il soulève un à un les voiles, Denis devient encore plus lumineux. Sentir ainsi la légèreté de son corps de Lumière lui procure une joie immense.

L'Être le prie de poursuivre. Denis parle de sa maladie et reconnaît les valeurs d'amitié et d'amour qui se sont ainsi créées en lui. Les anges l'écoutent attentivement, la bonté illumine leur regard. Denis leur raconte sa vie, ses souffrances et au fil de son récit, il comprend en totalité le pourquoi de tout ce qu'il a vécu. Il a maintenant la certitude que tout cela n'a pas été vain. Tout était ainsi prévu dans le grand livre de sa vie pour qu'il puisse grandir et évoluer à travers ces épreuves. Il comprend que les moments les plus pénibles à traverser ont été les plus précieux pour son évolution et celle de bien d'autres personnes autour de lui. Denis se surprend à penser comme un vieux sage : « tiens... tiens... je dois tenir de grand-père et grand-mère... » se dit-il, et il les sent tout près de lui. « C'est ça la magie du cœur... » lui dit un ange.

Il y a parfois des moments douloureux de sa vie plus difficiles à raconter, mais les anges le soutiennent et l'encouragent à poursuivre. Au fil de son récit, il sent naître en lui d'autres étoiles apportant à son corps davantage de lumière. Il se sent léger, si léger, ça lui fait un drôle d'effet. Il ne ressent plus aucune douleur, aucune tristesse face à ce qu'il a vécu.

Tout s'éclaire, s'illumine au fur et à mesure de la narration de son voyage sur terre. En se retrouvant au cœur de son âme, tous les grands secrets de son univers lui sont dévoilés.

Denis revoit les gens qu'il a côtoyés. Leurs étreintes douces et enveloppantes lui ont permis de se sentir soutenu et encouragé dans sa maladie. Lors de ces moments partagés avec tant d'amour, des liens précieux se tissaient à l'unisson. Les mots et les silences, les touchers et les regards ainsi échangés ont été pour lui des rayons de lumière.

Une étreinte sincère touche au plus profond de l'âme et Denis a vécu beaucoup de ces instants privilégiés, il en a été comblé. Ces gestes posés lors de ces périodes de souffrance ne l'auraient peut-être jamais été en d'autres circonstances. Ces échanges d'une telle intensité créent des moments de rapprochement qui

nous rendent meilleurs. L'âme apprécie énormément ces baumes apaisants. Porteurs de tant d'amour, ils nous réconcilient avec la vie.

L'authenticité lors de ces moments se révèle être catalyseur d'amour pur et noble. Riche de ces expériences si précieuses, notre chemin terrestre se parcourt d'emblée, sans retenue. L'amour ainsi généré embellit l'âme et en définit le contour par une luminosité amplifiant son rayonnement. Ces instants magiques sont inoubliables, on les emporte avec nous dans ce vaste monde de lumière.

Denis vient tout juste de terminer le récit de sa maladie. Il pense avoir fait le tour de son immense jardin. Alors l'Être lui rappelle tous les gestes d'amour accomplis avec spontanéité, illuminant ainsi son âme et celle des gens à qui ils s'adressaient. Comme ce matin où un simple sourire avait ensoleillé la journée d'une personne triste et cette fois lorsqu'il avait partagé son enthousiasme en jouant avec un enfant. Ces petits gestes d'amour sont tout aussi importants que les grands, ils laissent dans le cœur une empreinte qui ne s'efface jamais. Les anges reconnaissent d'emblée tous les gestes de générosité posés sans rien attendre en retour, en toute simplicité.

Maintenant oui, Denis a terminé. Et comme par enchantement, il voit se profiler à l'horizon un superbe jardin. Les anges l'accompagnent vers cet endroit magnifique. Ils lui offrent un énorme bouquet de fleurs au doux parfum. Denis savoure ce vibrant témoignage avec bonheur et joie. L'Être de Lumière lui déclare que ce jardin symbolise tout ce qu'il a semé lors de son passage sur terre. Tout concourt à créer un espace empreint d'amour et de sérénité, un paysage saisissant de beautés.

Dans la voûte céleste aux reflets violacés se dessinent des lueurs bleutées d'où se déversent des milliers d'étoiles. Tout doucement, elles vont épouser l'eau d'un magnifique lac qui, ému, les accueille en frissonnant. Sur ses rives, d'un côté se dressent fièrement des arbres majestueux d'un vert soutenu s'harmonisant délicatement à ce merveilleux décor. Un vent léger parcourant les feuilles accompagne les accords mélodieux d'une harpe.

De l'autre côté, une multitude de fleurs aux couleurs chatoyantes s'entrelacent. Un halo de même teinte entoure les fleurs leur conférant ainsi une beauté presque irréelle. Denis est vraiment fier de son immense jardin.

L'Être de Lumière poursuit :

— Tu peux constater Denis, combien notre parcours sur terre est important. Tous les êtres humains traversent des épreuves, créant ainsi des blessures profondes. Ils doivent découvrir sur le plan terrestre leur Lumière intérieure, l'étincelle divine, prélude à toute guérison. Lorsqu'ils reconnaissent celle-ci en toute humilité, ils trouvent en eux le courage et la force de dépasser leurs souffrances. Les richesses intérieures qui les habitent leur sont alors dévoilées.

Viens, approche, je t'invite à regarder la terre. Tu vois le désespoir de ce jeune. Il se sent perdu, il ne croit plus en la vie. Trop de voiles recouvrent la Lumière de son âme. Nous allons le rejoindre pour l'accompagner et le soutenir dans ces moments difficiles. Notre rôle sera de lui insuffler foi, espoir et courage pour qu'il puisse soigner ses blessures.

— Mais quels sont ces voiles qui assombrissent son âme ?

— Les voiles de la solitude, du rejet. Il se sent perdu, abandonné. Seuls le temps et les efforts investis lui permettront de surmonter ce sentiment d'inutilité qui le poursuit. Et pourtant, il y a sur sa route des gens bons et généreux ne demandant qu'à lui

apporter cette présence, cet amour dont il a déses-
pérément besoin. Il pourrait partager avec eux, mais
présentement son cœur ne peut les voir puisque trop
absorbé par la douleur.

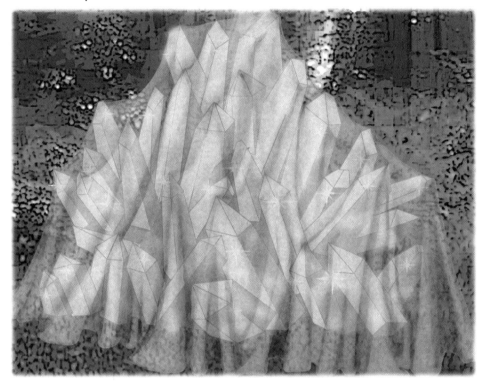

Et Denis avec hésitation :
— Est-ce qu'il ressentira notre présence ?
— Cela dépendra de lui, il lui faudra retrouver la
Lumière de son âme pour qu'il puisse se ressourcer à la
Lumière Divine. Il pourra ainsi vivre ses épreuves sans
se sentir seul, sans s'égarer dans la noirceur du dé-
sespoir. Il comprendra alors que quelqu'un veille sur lui
et l'entoure d'amour.
— Et s'il n'y arrive pas ?

— Tu vois Denis, dans sa quête d'amour il se peut que ce jeune ne puisse se résoudre à aller au-delà de ses souffrances. Dans ce cas, le suicide lui semblera la seule issue. S'il emprunte cette voie, ce sera pour lui tout aussi difficile. Il lui faudra sur le plan céleste, poursuivre son questionnement, son cheminement. Saura-t-il s'accorder le pardon pour avoir ainsi mis un terme à sa vie ?

Lorsqu'elle quitte le plan terrestre, l'âme chargée de désespoir ne se libère pas instantanément. Elle entre dans le plan céleste en gardant la même expression. Des périodes d'ombre alterneront avec des périodes de lumière mais celle-ci lui semblera lointaine et inaccessible. Tant que sa foi vacillera, son âme ne pourra accéder à la paix, à la sérénité.

Par le récit de sa vie, notre rôle sera de l'amener à reconnaître que toute vie humaine est précieuse et que même à travers le désespoir qui l'habitait, il avait beaucoup à apprendre. La Lumière qu'il portait pourtant toujours en lui aurait pu apaiser ses douleurs. En sollicitant notre aide, nous aurions pu le réconforter et le guider.

Si toutefois, sur le plan terrestre, il fait appel à la Lumière Divine, il réalisera que chaque épreuve est là pour nous faire grandir. Aller au-delà de ses souffrances permet d'accomplir les différentes étapes, marquées dans le grand livre de sa vie, pour enrichir notre jardin intérieur. Et toi Denis, avec le contenu de ton immense jardin, tu peux lui transmettre ton amour en l'enveloppant de ta Lumière.

— C'est avec bonheur que je serai auprès de ce jeune et peut-être réussira-t-il à enlever ses voiles.

— Tu verras toute la joie que l'on peut ressentir en étant ainsi troubadour de la Vie et de l'Amour Divin. Nous l'aiderons à découvrir son potentiel créateur et reconnaître ainsi les beautés de son immense jardin.

— Oh oui ! Allons tout près de son cœur !

— Nous irons dans quelques instants Denis, mais avant j'ai un bonheur à t'offrir. Que dirais-tu d'aller rendre visite à grand-père ?

— Oh ! Wow !

Denis ne tient plus de joie. L'Être de Lumière, réjoui par tant de spontanéité et d'enthousiasme, lui tend la main. Ils s'envolent et en l'espace de quelques secondes, les voilà à destination.

Grand-père, penché sur sa table de travail, vient tout juste de terminer un poème. Poème inspiré par cet instant béni où il a ouvert la main pour libérer celle de Denis et l'offrir aux Étoiles de la nuit. Il dépose sa plume et, dans le silence de son cœur, se recueille. Denis s'approche, effleure son bras. Grand-père sent des milliers d'étoiles bouger dans tout son corps et devine sa présence. L'amour qui les unit porte une couleur toute spéciale et il en reconnaît l'expression. Tout doucement, Denis se penche sur son épaule. Imprégné de cet amour, il récite le poème :

SOUFFLE DE VIE

Souvent j'ai imploré au cœur de la nuit
Qu'on me délivre des douleurs ressenties
Et lorsque l'acceptation des souffrances j'ai choisie
En mon âme s'est inscrit une douce mélodie

Des larmes divines sur mes joues ont perlé
Elles ont coulé sur mon corps tourmenté
En une pluie d'étoiles elles se sont transformées
Balayant les douleurs, les souffrances éprouvées

Quand les Étoiles de la nuit ont rejoint ma vie
Grâce et bonté en mon cœur j'ai accueillies
Paix et sérénité sur mon visage se sont épanouies
Invitant mon âme à rejoindre la Source de Vie

Tout en douceur, par les anges, bercé
La route céleste devant nous s'est dessinée
Et mon âme avec eux s'est envolée
Parcourant l'univers à mes yeux dévoilé

Ainsi guidé jusqu'aux portes de l'infini
Tendrement sous leur regard ébloui
À la Lumière ma renaissance s'est accomplie
Libérant en mon âme un nouveau Souffle de Vie

Instants magiques... Denis et grand-père, profondément touchés, savourent ce privilège. Il leur redonne... un nouveau Souffle de Vie. Baigné de lumière, le cœur en retient l'empreinte et bat la mesure de cet amour profond qu'ils éprouvent l'un pour l'autre. Le regard attendri, l'Être de Lumière invite maintenant Denis à reprendre la route céleste.

Grand-père, bercé par tant de douceur et d'amour, jette un regard à la fenêtre. Le jour éteindra bientôt sa lumière et déjà dans le firmament apparaissent les premières lueurs. Clin d'œil dérobé au ciel étoilé, grand-père sait... Il sait que les étoiles ne meurent pas...

UN LONG CHEMINEMENT

La mort se retrouve sur mon passage pour la première fois en 1966. Gilles, un ami d'enfance et copain d'école atteint de fibrose kystique, meurt à l'âge de treize ans. Ce fut le début d'un long questionnement resté sans réponse pendant des années.

Au début des années '70, j'emprunte à mes grands-parents, Anna et Adélard, un livre de Félix Leclerc, « Allégro ». Enfin, pour la première fois, j'obtiens une réponse apportant un sens à ce grand voyage. Je comprenais à la lecture du « Sanctus » que dans l'oeuvre du Créateur rien n'est sans raison, même la mort. Elle est tout simplement transformation. Cette lecture m'a profondément marquée. Je voyais enfin quelque chose de grand, de merveilleux dans la mort. Heureusement, je n'ai jamais rendu ce livre à mes grands-parents et ce précieux héritage a toujours sa place chez-moi, bien en vue. Il évoque toujours de doux souvenirs.

À partir de 1975 la mort m'interpelle à maintes reprises et toujours s'approfondit ma quête. Les livres « La vie après la vie » du Dr Raymond Moody et « Au nom de tous les miens » de Martin Gray m'incitent à poursuivre mon questionnement.

Et vers le milieu des années '80, le livre écrit par le docteur Jocelyn Demers intitulé « Victimes du cancer mais... des enfants comme les autres » se retrouve entre mes mains. J'étais fascinée par les tableaux de Richard Hétu illustrant ce livre, comme envoûtée par tous ces enfants portant de grands chapeaux pour camoufler leur petite tête sans cheveux. Mes pensées à ce moment furent spontanées : « Si un jour je demeure à Montréal, je ferai du bénévolat à l'hôpital Sainte-Justine avec ces petits enfants atteints de cancer. » J'étais pourtant convaincue à cette époque que jamais je n'habiterais Montréal. C'était sans compter sur les surprises que la vie me réservait...

En 1989, je travaille à Québec (je n'aurais jamais pu imaginer me retrouver à Québec non plus). Et l'été de cette même année, ma fille Isabelle décédait à l'âge de treize ans, frappée par une auto. En une fraction de seconde, la vie basculait. Un autre chemin inattendu se dessinait alors pour moi. Dieu merci, j'avais déjà amorcé une profonde réflexion sur la mort et sur la vie après la vie. C'est d'ailleurs ce qui m'a permis de vivre son départ avec courage et sérénité. Je ne demandais pas au ciel pourquoi elle, mais pourquoi tout simplement. Je savais déjà que la vie me destinait à vivre quelque chose de grand, de merveilleux même si la douleur était vive et intense. De très belles chansons d'Yves Duteil dont « Ton absence », « À ma mère » et « Regard impressionniste » m'ont accompagnée. Elles ont été un baume pour apaiser cette douleur du « vide de l'absence ».

94

Fin 1990, je travaille à Montréal. Tiens, tiens... Montréal... Les petits enfants de Sainte-Justine me reviennent en mémoire... mémoire du coeur...

Les deuils continuent à se présenter sur ma route... André, Nadia, Paul et plusieurs proches parents. Ma réflexion toujours se poursuivait. Je ressentais de plus en plus la présence spirituelle de ma fille Isabelle et celle des Êtres de Lumière. Des rêves magnifiques me confirmaient que ce monde d'amour et de lumière existait bel et bien.

Puis en 1992, enfin se réalise ma promesse, je suis bénévole à l'hôpital Sainte-Justine. Bercer, cajoler, chanter, jouer, promener, regarder des dessins animés, tout ça me comblait. C'était toujours avec le coeur rempli d'amour, de tendresse et de douceur que j'arrivais le mercredi soir à l'hôpital et j'en repartais, trois heures plus tard, le coeur débordant d'encore plus d'amour, de tendresse et de douceur. Amélie, Vincent, Gabriel, Lilia, Marie-Ève, Simon, Michaël, Isabelle, Louis-Philippe, Sophie et tous les autres petits anges faisaient désormais partie de ma vie.

Un soir, comme bénévole, je me promène dans le couloir avec une petite fille lorsqu'une infirmière s'approche et me demande si je veux aller voir un petit garçon qui, seul dans sa chambre, s'ennuie. Il s'appelait Denis. Il avait 3 ans. La petite fille et moi sommes entrées dans sa chambre... presque sur la pointe des pieds... Je me souviens avoir fait preuve d'une infinie douceur. Je le savais, il ne fallait rien brusquer, il ne fallait pas insister. Je me suis approchée de son lit et lui ai demandé s'il voulait venir avec nous. Tout triste, il a répondu non d'un signe de la tête. J'ai tout doucement posé ma main sur son petit bras et lui ai murmuré : « Si tu changes d'idée, tu n'auras qu'à le dire à l'infirmière mais tu sais Denis, ça me ferait plaisir que tu viennes avec nous. » Nous avons quitté sa chambre, toujours sur la pointe des pieds. Deux minutes plus tard, l'infirmière revenait pour me dire que Denis voulait venir avec nous. Nous nous sommes promenés tous les trois dans le couloir une vingtaine de minutes à peine puisque déjà sonnait l'heure du départ des bénévoles.

Notre deuxième rencontre se passe sous le signe de la joie. Je venais tout juste d'arriver, je me désinfectais les mains et j'ai vu apparaître Denis avec une dame, sa maman je crois. Et quand nos regards se sont croisés, il y avait tellement de lumière, je n'en revenais pas et je crois bien que sa maman non plus. Elle m'a semblé très surprise. Elle m'a alors demandé si je pouvais m'occuper de Denis. Et bien sûr, avec grand bonheur, j'ai accepté.

Lors de notre troisième rencontre, il est intubé. Je l'ai promené toute la soirée et, au moment de le quitter, je l'ai pris dans la chaise roulante pour le déposer dans son lit. Je lui ai demandé de passer ses bras autour de mon cou et de serrer fort. Je m'en souviens comme si c'était hier, j'ai pris consciemment tout mon temps pour le déposer dans son lit. Je voulais le plus longtemps possible faire durer le plaisir de sentir ses petits bras autour de mon cou. C'était, sans le savoir, la dernière fois que je voyais Denis. Nous étions en 1993.

Au tout début de l'année 1995, je fais un merveilleux rêve. Je voyais, sous forme de dessins animés, des Êtres et des Enfants de Lumière venir chercher Denis pour l'amener de l'autre côté. C'était féerique. Vers la fin de mon rêve, je me réveillais dans le couloir de l'hôpital Sainte-Justine en disant à Louise, secrétaire au service des bénévoles : « C'est un des cinq plus beaux rêves de ma vie. » Et je me suis réveillée consciente d'avoir entre les mains un trésor précieux, un cadeau du ciel à partager avec les enfants de la terre. J'ai fait ce rêve dans la nuit du 5 au 6 janvier 1995, soit au premier anniversaire du décès de Denis. À ce moment-là, je ne savais pas qu'il était déjà dans ce paradis. Je l'ai su en 1998 au moment où Leucan publiait le livre « Les enfants célestes ». J'y ai vu la photo de Denis et la date de son départ pour le grand voyage. Dès notre première rencontre, Denis a habité mon coeur, mes pensées et c'est pour moi un grand bonheur de savoir que désormais, il habitera aussi votre coeur...

Ce rêve, je l'ai transposé pour vous l'offrir. Je croyais la rédaction du livre complétée mais des moments d'inspiration tout aussi magiques m'invitèrent à reprendre la plume. Le ciel me convia à la découverte de la forêt enchantée et du cristal magique. Voilà, le livre était pour moi bel et bien terminé j'en étais convaincue. Mais à peine quelques mois plus tard, j'entendis un doux murmure... c'était grand-mère... elle avait un secret à me dévoiler. Le livre est assurément terminé ai-je pensé.

Mais l'aventure se poursuivit de plus belle lorsqu'un beau soir, l'infini m'ouvrit ses portes et m'invita à replonger ma plume dans l'encrier.

Lors de tous les moments marquants de ma vie en référence à la mort, le ciel opérait sa magie en déposant dans mon cœur de petites étoiles. Elles m'ont guidée pour l'écriture de ce livre. Puissiez-vous, à sa lecture, ressentir ces milliers d'é-toiles qui ont tant fait vibrer mon cœur.

Avec tendresse

Micheline

Marie-Ève Bastien :
24 mars 1992 –
15 avril 1995

Sandy Dusseault
14 août 1989 -
24 mars 2001

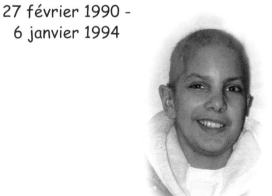

Denis Bouchard
27 février 1990 -
6 janvier 1994

Isabelle Létourneau
24 février 1976 -
16 août 1989

Vincent Hurteau :
13 septembre 1981 -
3 mars 1995

FAIRE REVIVRE VOS SOURIRES…

Ces enfants sur ma route comme des trésors précieux dont le souvenir est à tout jamais gravé dans mon cœur.

Marie-Ève – Merci pour ces si doux regards m'enveloppant littéralement de bonheur. Combien de fois ai-je caressé ton visage avec les petits coussins fabriqués par les bénévoles pour les enfants malades. Comme tu les aimais ces caresses.

Sandy – Lorsque je t'ai rencontré, j'ai décelé dans tes yeux une certaine tristesse de ne pas pouvoir fréquenter l'école comme les autres enfants. Et pourtant, tu auras tellement appris la vie. Merci pour ce regard sur l'infini, ce doux moment partagé habite toujours mon coeur.

Denis – Merci pour tous les instants de douceur. Tes petits bras autour de mon cou, ton sourire espiègle, la lumière dans tes yeux. Merci pour ce magnifique rêve fait lors de ton premier anniversaire de décès. C'est grâce à ce rêve que ce livre a vu le jour.

Isabelle – Merci pour tout l'amour partagé. Ta grande sagesse, ta force, ta joie de vivre m'inspirent toujours. Ils me manquent énormément tes étreintes et les baisers que tu déposais sur mon front à chaque fois que l'on se croisait.

Vincent – « Quand je ne serai plus là, je deviendrai ton ange gardien ». Merci pour ces mots murmurés à ta mère quelques semaines avant ton grand départ. Ils m'ont inspiré le poème « Quand je ne serai plus là ». Il sera assurément un baume apaisant pour beaucoup de gens.

Mille fois merci à vous et à tous les autres enfants qui ont croisé ma route.

PRÉSENTATION DES PERSONNAGES

Jannick Asselin	Denis Bouchard
Mario Goupil	Grand-père
Julie Dugal	Grand-mère
Sébastien Madore	L'Être de Lumière
Sabrina Almassy	Marie-Ève Bastien
Bobbie Quirion	Sandy Dusseault
Yann Asselin	Vincent Hurteau
Roxanne Sage	Isabelle Létourneau
Julie St-Amour	Être de Lumière
Éric Asselin	Être de Lumière
Francis Favreau	Être de Lumière
Geneviève Rioux	Être de Lumière
Carinne Garon	Ange
Vicky Asselin	Ange
Josiane Létourneau	Ange
Véronique Durand	Ange
Mélanie Durand	Ange
Josée St-Amour	Ange
Sammy Durand	Pouf

Les photos ont été prises chez :
Lucille Quirion et Claude Bolduc
Johanne Poulin et Bertrand Gagnon
Marie-Lou Lapointe et Éric Lamontagne
Rolande et Maurice Salois
Et au Parc de la Gorge de Coaticook

Ce livre a été rédigé en grande partie au Parc de la Gorge de Coaticook, un endroit exceptionnellement inspirant où la magie était toujours au rendez-vous.

Merci à vous tous!

REMERCIEMENTS

Je ne saurais nommer toutes les personnes qui m'ont apporté leur aide et leur soutien dans la réalisation de ce rêve tellement elles sont nombreuses. Je pense à ma fille Josiane, à ma famille, à mes amies et à tous les gens qui, par la justesse de leurs commentaires, ont fait en sorte que ce livre reflète les couleurs de l'amour.

Merci tout spécialement à Johanne Bérard pour l'encouragement, l'écoute et la foi en la réalisation de ce livre.

Merci à Louise Marquis pour les magnifiques illustrations. Merci pour son accueil chaleureux.

Mille fois merci aux gens qui ont si généreusement accepté de jouer les personnages et à toutes les personnes qui nous ont accueillis dans leur magnifique demeure ou leur merveilleux jardin.

Merci de tout coeur aux parents de Denis, Marie-Ève, Sandy et Vincent. Ils m'ont permis d'évoquer le souvenir de leur enfant et partager ainsi avec vous tout l'amour que j'éprouve pour eux.

Merci tout spécialement à toi Isabelle, mon amour. Ta présence spirituelle me guide et me réconforte à tout instant.

~

EN FIN DE VIE

En fin de vie
Toujours l'amour nous unit
Et ce soir encore
Dans tes bras je m'endors

Notre bonheur s'achève
Bientôt plus de trêve
Tu me quitteras
Pour rejoindre l'au-delà

Nos prières s'élèvent
Aussi intenses que brèves
Déjà plus d'espoir
De poursuivre notre histoire

Fin de ta vie
Le ciel désormais t'a ravi
Transcendant la mort
Dans tes bras je m'endors

Au plus lointain de mes rêves
Lorsque l'aurore se lève
Toujours j'ai souvenance
Du souffle de ta présence

Ton amour comme sève
Mon âme se relève
Puisqu'aux frontières de l'éternité
Elle est par ta douceur tendrement bercée

Pour la vie
Nos âmes à jamais unies
Et ce soir encore
Dans ta lumière je m'endors
Le cœur imprégné
D'une douce sérénité…

VINGT ANS ET SI PEU DE TEMPS...

Tout se déroule merveilleusement
J'avance dans la vie le cœur vaillant
Mais soudain chemin faisant
Une épreuve m'attend au tournant

À l'aube de mes vingt ans
Sans aucun avertissement
Voilà que la fin on m'apprend
Par une simple prise de sang

Le verdict s'abat violemment
Il n'existe aucun médicament
Il n'existe aucun traitement
Il ne me reste qu'un printemps

La terre tourne toujours... évidemment
Mais mon cœur pour un instant
Cesse tout à coup ses battements
En moi, total est l'effondrement

Sanglots et pleurs s'entremêlant
Cris et silences se succédant
Je vis les pires tourments
Bouleversement... anéantissement...

Ma tête conçoit difficilement
Que déjà sonne l'heure de l'ultime bilan
Mon cœur suit le même raisonnement
Mais grâce au ciel, mon âme comprend

À la suite de ce combat déchirant
Mon équilibre initial je reprends
Ma vie s'accomplit dorénavant
En deux temps, trois mouvements

(suite)

Heureusement je n'ai jamais tué le temps
Au contraire, j'ai toujours vécu pleinement
En ce sens, j'aurai vécu plus longtemps
Que bien des gens qui meurent à soixante ans

La sagesse venant avec les cheveux blancs
Je dois vivement prendre les devants
Tant à faire en si peu de temps
Tant à dire à ceux que j'aime tant

Privilégiée je suis de savoir avant
L'heure de mes derniers moments
Le ciel m'offre cet immense présent
Pour dévoiler ce que mon cœur ressent

À ceux que je chéris tendrement
Merci pour l'amour partagé généreusement
Pour les regards, les mots compatissants
Pour les gestes tout aussi touchants

J'éprouve de profonds et doux sentiments
Là-haut je les emporterai...précieusement
Ils voyageront à travers le temps
Viendront apaiser vos tourments

Le cœur comblé et reconnaissant
Mon âme légère s'envolera sereinement
Pour rejoindre les étoiles du firmament
À la rencontre du Tout-Puissant

Oui, je quitterai ce monde prématurément
Mais de la vie j'apprécie chaque moment
Et le temps qu'il me reste sera vécu intensément
Allez... Qui peut en dire autant ?...

AU CŒUR D'UNE CHAPELLE

Mains jointes, elle s'incline
Devant la Volonté divine
Dans son jardin, le Créateur a rappelé
Son tendre bien-aimé

Au cœur d'une chapelle
Humblement, prière fidèle
Son âme rejoint le ciel
Aux portes de l'Éternel

Lumière dessinée
Dans ses yeux attristés
Elle se fait ciel étoilé
Lui, sérénité, félicité

Murmures d'un songe divin
Même la nuit elle le rejoint
Se réveillant au petit matin
L'âme en paix, le cœur serein

Tout l'amour partagé
Avec celui qui l'a tant aimée
Lui permet de continuer
Sur les chemins de la dignité

Son regard, son sourire
Merveilleux souvenirs
Voilà promesse à tenir
Le ciel veillera à les réunir

LORSQUE LA MORT SURVIENT

Qu'elle s'avance sur la pointe des pieds
Pour convier au ciel nos aînés
Ou qu'elle apparaisse en coup de vent
Lors d'un terrible et fatal accident

Qu'elle se présente dans nos vies
Subitement ou accompagnée d'une maladie
Qu'elle se produise inexplicablement
Par un geste désespéré ou un acte violent

Source de grands bouleversements
La mort provoque multiples questionnements
Laissant en nos cœurs déchirés
Des blessures d'une rare intensité

Il est difficile lors de ces moments
Où, parfois, nous avançons péniblement
D'entrevoir le jour où, le cœur guéri
Nous reprendrons enfin goût à la vie

Lorsqu'on s'enlise profondément
Dans le plus complet isolement
Cet espoir peut paraître éloigné
Et peut même tarder à se manifester

Mais dans le cœur de tous les gens
On le verra poindre assurément
Puisque, dans leur âme, ils sauront puiser
Force, courage et sérénité…

SUR LES AILES DE LA VIE

Bel oiseau aux couleurs nuit
Doucement tu voles sans bruit
Sur les ailes de la vie
Toi si frêle et si petit

Seul parmi les nuages
Tu traverses les orages
À la fin de ton voyage
Seras-tu pour autant plus sage ?

Dis, peux-tu passer outre
Tes peurs, tes peines, tes doutes ?
Quand le cœur est en déroute
Comment poursuivre la route ?

Quand le temps est à la pluie
Et que tu te meurs d'ennui
Où donc se trouve ton abri
Pour reprendre goût à la vie ?

Au-delà de l'arc-en-ciel
Près des portes éternelles
Tu vas déployer tes ailes
Sublimant ainsi le réel

Dans le ciel étoilé
Je voudrais t'accompagner
Prendre comme toi mon envolée
Sur les chemins de la liberté

Aux cours de tes voyages
Même si ce n'est qu'au passage
Dépose sur mon visage
Les traits marquants de ton courage

IL T'A PRÊTÉ LA VIE

Même désespéré, ne baisse pas les bras
Tu sais, un jour la joie reviendra
Puise à même le courage que tu portes en toi
Et nul doute tu y parviendras

Même derrière les nuages noirs
Une lueur se laisse entrevoir
Le soleil, gardien d'espoir
Brille toujours, ça tu peux y croire

Le suicide ne t'est pas permis
Puisqu'Il t'a prêté la vie
C'est aussi lui qui choisit
Le moment où tout sera accompli

Tous tes efforts n'auront pas été vains
Lorsque tu auras reconnu en toi le Divin
Tu chanteras, à ton tour, ce refrain
À celui qui n'aura plus espoir en demain

Même désespéré, ne baisse pas les bras
Tu sais, un jour la joie reviendra
Puise à même le courage que tu portes en toi
Et nul doute tu y parviendras

AU GRAND JARDIN DES PRIÈRES

Lorsque mon âme se tourne vers l'Éternel
Du bout des doigts je touche le ciel
Me prenant délicatement sous Son aile
Avec grâce et bonté, sur moi Il veille

Près de Lui, au grand jardin des prières
Tout doucement, je renoue avec la foi première
Instants ô combien précieux, combien salutaires !
Permettant d'intensifier de mon âme la lumière

Dans le plus merveilleux des sanctuaires
Je me recueille, le cœur grand ouvert
En toute humilité, j'implore, sincère
Que la voie de mon âme Il éclaire

À la lueur des Étoiles de la nuit
Dans la paix de l'immensité infinie
Imprégnée d'amour, mon âme éblouie
Perce avec Lui les mystères de la vie

ÉPILOGUE

Je souhaite vivement que ce récit crée une ouverture plus grande face à ce monde d'amour et de lumière. Ce monde que beaucoup de gens perçoivent, surtout les enfants, mais qu'ils n'expriment pas de peur de se faire ridiculiser, de peur que les gens banalisent ce qui leur semble à eux, extraordinaire.

Exprimer ce qu'on a vu ou perçu de ce monde avec tant d'émerveillement et un intense sentiment d'amour et de paix et s'entendre dire qu'on a imaginé tout ça peut se révéler très troublant et très décevant.

Avec ce récit, j'ose espérer que les gens seront plus à l'écoute des personnes appelées à vivre un deuil, de ce qu'ils peuvent ressentir. Tous les secrets face à ce monde invisible que les gens gardent pour eux, je souhaite qu'ils puissent désormais nous les faire partager.

Écrire un livre sur les rêves ou les visions qui font référence à ce monde de lumière et d'amour est un des projets que je caresse. Les personnes désirant me livrer leur témoignage à ce propos sont assurées d'une écoute attentive et d'une profonde reconnaissance. Votre collaboration me sera précieuse et essentielle. Vous pouvez communiquer avec moi par courrier électronique à l'adresse suivante :

Micheline Asselin
Courriel : masselin@leseditionsbenjamin.com
Site internet : leseditionsbenjamin.com

À VENIR

Prochainement, un autre livre sera publié faisant suite à ce récit. Il s'intitulera : Un sens à la souffrance (Apprivoiser la mort, apprivoiser la vie). Il contiendra de courts textes touchant différents thèmes et des exercices écrits. Un recueil de poésie et des pensées seront aussi publiés prochainement. Ils vous guideront et vous accompagneront dans votre recherche pour l'embellissement de votre immense jardin...

∽